예뻑

여백

ⓒ 이항래, 2024

초판 1쇄 발행 2024년 8월 1일

지은이	이항래
사진	이항래
펴낸이	이기봉
편집	좋은땅 편집팀
펴낸곳	도서출판 좋은땅
주소	서울특별시 마포구 양화로12길 26 지월드빌딩 (서교동 395-7)
전화	02)374-8616~7
팩스	02)374-8614
이메일	gworldbook@naver.com
홈페이지	www.g-world.co.kr

ISBN 979-11-388-3392-9 (03660)

- 가격은 뒤표지에 있습니다.
- 이 책은 저작권법에 의하여 보호를 받는 저작물이므로 무단 전재와 복제를 금합니다.
- 파본은 구입하신 서점에서 교환해 드립니다.

이항래 사진집

여백

좋은땅

책을 내면서

우리 몸의 감각들은 익숙함을 원한다. 익숙함은 편하지만 낯섦은 서툴고 불편하기 때문이다. 그러나 감각기관 중에서 단 하나, '눈'만큼은 낯섦을 원한다. 눈이 볼 때 익숙한 것은 지루함이고 낯선 것은 새로움이기 때문이다.

그때도 그랬다. 몇 해 전 어느 가을날 본 것은 낯섦이었다. 야탑동 목련마을, 내가 사는 동네에선 나무들 가지치기가 있었다. 그때 그곳을 지나가던 내 눈에 보인 건 낯섦이었다. 그동안 늘 보아오던 나무들은 잎이 무성한 나무였고 그래서 그건 익숙함이었다. 그러나 그때 본 나무들, 대부분 잘려 나가고 몇 안 남은 가지 끝에 매달린 잎들, 그건 낯섦이었고 또한 놀라움이었다. 예쁘게 드러난 가지들, 그건 드러냄이 아닌 드러남이었다. '드러남'은 새로움이구나. 그때 알았다.

그러자 비로소 다른 드러남들이 눈에 들어오기 시작했다. 세상에는 많은 드러남이 있다는 것을 알게 된 것이다. 늦가을 몇 장 안 남은 잎을 달고 있는 동네 길가의 나뭇가지들. 야탑천 하천가 잡목들 속에서 잎이 지면 드러나는 넝쿨들, 이들은 무성함 다 지나면서 비로소 가려져 지내던 모습이 드러나고 있었다. 나는 이제야 그걸 알게 되었고 또 그걸 볼 수 있게 된 것이다. 드러냄은 모두에게 보여 주고 있지만 드러남은 보아 주는 사람에게만 보이고 있기 때문이었다.

그때부터 두 해 동안 가을이 깊어지기를 기다렸고, 겨울을 지내고 봄이 올 때까지 드러남을 찍기 시작했고, 지금 세 번째 겨울을 지내면서 그동안 모아 놓은 낯선 드러남을 이렇게 책으로 엮어 보았다.

하나

가을이 깊었고
마을에선 나무들 가지치기가 있었다.
잘려 나간 가지 끝에 매달린 나뭇잎
조금은 빛바래 가고 있었고
어쩐지 허전하고
또한 처연하다.
그래도 보기엔 예뻤다.

지금 남아 있는 가지들,

가지치기하기 전에는

나무 전체에서 일부 가지였다.

가지치기한 후에는

나무의 일부가 아닌 나무 전부가 되었다.

존재의 가치가 우연히 그리고 갑자기 변하기도 한다.

나무가 원하지 않아도

나무의 많은 부분이 잘려 나갔다.

아슬아슬했다.

그래도 살아남은 가지는 오히려 드러났다.

세상 어떤 일은

불운인 것 같지만

꼭 그런 것만은 아닐 때도 있다.

같이 간다는 것,

동행이라고 하지.

"우리 천천히 가자."

"그래, 빨리 간다고 다 좋은 것은 아냐."

모두 잘려 나가고
간신히 살아남은 나무 한 가지
비로소 드러났지만
갑자기 나타난 세상에 어리둥절해하고 있다.

거기에 가을빛이 내려오고 있다.

둘

한 넝쿨이
빈 공간을
나아가고 있다.

넝쿨은 겨울이 되어야 비로소 모습이 드러난다. 그건 드러냄이 아니라 드러남이다. 지난 계절, 무성한 풀숲에 가려져 있다가 그 무성함 다 가 버리면 그때야 드러난다.

우리는
오르고
또 오르고
올라간다.
이겨야만 한다.

그런 운명이다.

"다 떠나갔어."

"그래도 우린 같이 가자."

"그래, 그 말 꼭 지켜."

바래 가는 가을 잎이 손을 꼭 붙잡고 있다.

지나가는 빛이

모든 과거를 만들며 간다.

씨를 품고 있다.

기다리고 있다.

숲의 시간은 오직 기다림이다.

피노키오가 그네를 탄다.

잎이 다 떨어지면 넝쿨은 추상이 된다.

추상에 눈(雪)이 더해졌다.

역시 추상이다.

드디어 만났다.

둘은
곧 헤어질 것이고
다시 또 만날 것이다.

운명이란 그런 것이다.

셋

가을이 오면
나무들은 단풍으로 치장을 하고
계절은 절정으로 치닫는다.

그렇게 시간이 지나고
단풍나무 가지 끝
늦은 가을볕에
잎보다 아름답던 씨방이 날갯짓을 시작한다.

그러다 보면 어느새
곧 하나의 떠남이 이루어질 것이고
그러면 그건 마지막이 된다.
그리고 그건 또 하나의 시작이 된다.

붉다. 아, 붉다.
아직은 잎이 푸른 단풍나무에 오히려 씨방이 더 붉다.

어느 여름날, 가을 단풍만 알고 있던 나에게 갑자기 단풍 씨앗이 나타났다.
잎보다 더 붉은, 잎보다 더 예쁜 씨방이었다.
그때부터 씨방을 찾아보기 시작했다. 그리고 씨방은 기대만큼
모두 예쁜 모습으로 내게 다가왔다.

그 이듬해, 단풍나무 씨방은 내게 새로운 앎을 갖고 나타났다.

모든 씨방이 잎을 제치고 위로 솟아 있었다. 빛을 찾아 나선 것이다.
그건 드러냄이었다. 그러고 보면 우리의 삶은 모두 드러냄이었다.
5월의 볕에 그렇게 씨방이 여물어 가고 있었다.

가을이 깊다.

물감 몇 방울 떨어졌다.

그 물감

가지가지로 스며들었다.

그리고는 번져 가더라.

가을이 바람을 몰고 다니면서

색 바랜 풀잎을 흔들고 지나간다.

그러면 풀잎은 또 하나의 헤어짐을 준비한다.

드러남은 소리 없는 나타남이다.
나를 나타내려 하지 않는다.
몰아(沒我)적이다.
그래서 있어도 없음이다.
여백(餘白)이다.

플라타너스

더 높은 가지 끝,

그러나 홀로 남았다.

많은 서로 다름이 어울림을 만든다.

몇 안 남은 플라타너스 잎이
같은 나무에서 제각각으로 물들어 있다.

어느덧

씨방이 여물고

드디어 날갯짓을 시작한다.

나무는 지나간 날은 기억하지 않는다.
그러나 그건 알고 있다.
나의 존재는 '지나가고 있음'이라는 것.

마지막 이별은, 모두
나름대로 의미가 있고
그래서 아름답다.

누가 이런 이별을 슬프다고 말할 수 있는가?

넷

그리고 겨울
그때 숲은 인고의 계절,
모든 나무들 열매를 달고 겨울을 난다.

그런가 하면
모든 풀들은
바람을 맞이하며 빈 하늘에 씨를 날린다.

그건 한 해를 살아온 이유였고
그러면서 계절은 소멸을 순비한다.
아름다운 비움이 된다.

나무에게 열매는 존재하여야 하는 이유이다.

산수유 열매가 익어 가고 있다.
마지막 남은 잎이 앞을 향하고 있다.
앞, 그건 미래다.
미래는 물려줌이다.

모든 나무 모든 열매는 그걸 알고 있다.

바람이 분다.

바람을 맞이한다.

비로소 씨방이 날아간다.

번식은 씨방이 하는 것이 아니다.

바람이 하는 것이다.

세상일은 서로 관계로 이루어진다.

바람이 불면 씨방이 끄덕인다.

그건 흔들림이 아니다.

세상 이치를 깨달은 끄덕임이다.

그러면서 씨를 날린다.

이제 씨방 세 개만 남았다.

그것마저 떠나면,

'모든 것'이 이루어진다.

그래야 '모든 것'을 새로 만들 수 있다.

'모든 것'의 뜻이 그렇다.

물가에선 부들이 여물어 가고 있다.
아직 때를 기다리고 있다.

문득

본래의 모습이 새롭게 느껴졌다.

왜일까?

그냥 그저 그런 그게 제 모습인데.

늘 우리 곁에 있는 풀
그래서 흔한 풀
그래서 보아 주는 사람 없는 풀
그래서 혼자 중얼거리고 있는 풀

우리가 눈길을 줄 때
비로소 드러난다.

강아지풀

바람 좋은 곳, 돌담 위에 앉았다.

겨울 볕에 졸다가 바람이 지나가면 눈을 번쩍 뜬다.

그리고 알알이 씨를 날린다.

풀이고 나무고

겨울이면 시간이 멈추는 듯하지만

이들에겐 가장 소중한 계절이다.

그게 한 해를 살아온 이유가 된다.

어느 시인은

갈대를 흔드는 건 바람이 아니라고 했다.

저 스스로의 조용한 울음이라고 했다.

여기, 갈대가 심하게 흔들리고 있다.

속으로만 삭이는

그러나 북받치는 슬픔이리라.

늘 흔들리는 것, 조용한 속울음

산다는 것이 그렇다고 했다.

그래도

손을 놓지 못하는 나뭇잎들

겨우내 눈을 맞고 있다.

봄을 기다리는 새싹을 감싸고 있다.

벌레가 지나간 자리
숭숭하다.
그것 또한 삶이다.

다섯

시간은
그저 시간으로 있다.
내가, 누군가가, 사물이
그 시간에서 무엇을 할 때
비로소
나의 시간이 되고
누군가의 시간이 되고
사물의 시간이 된다.

다시 봄이 오고
그러면 나무는 새로 싹을 틔우고
그때 숲에도 시간이 찾아온다.
그러면서 나무는 새로운 사물이 되어 간다.

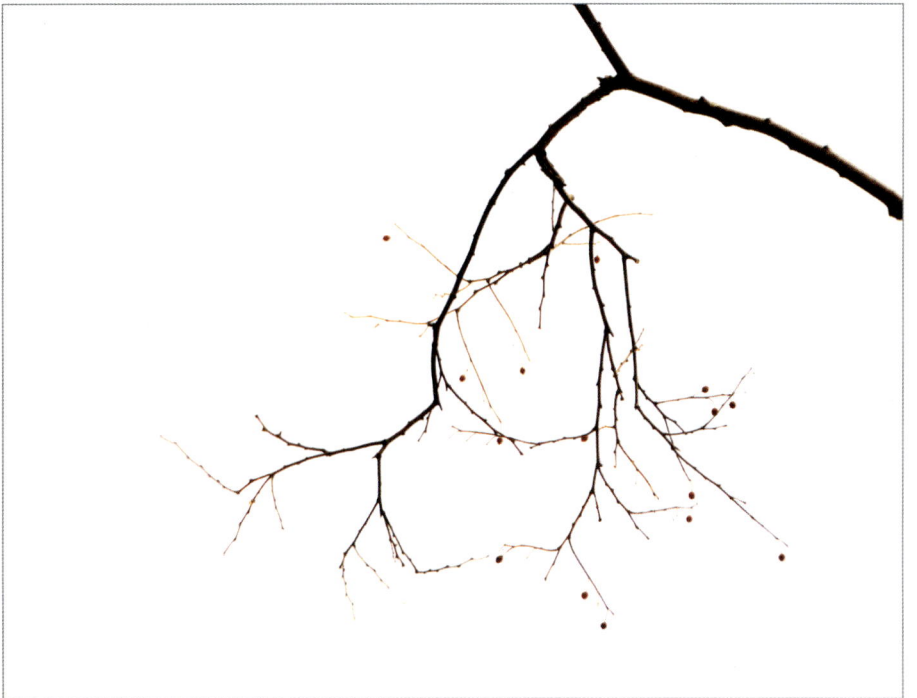

생명은 유전자의 자기복제라고 한다.
그러면서 생명을 다 밝혀냈다고 한다.
그러면 생명은 물질이란 말인가.
규명될 수 있는 것인가.

새싹의 근본은 뿌리이다.
모든 근본은 보이지 않는다.

"제발 알려고 하지 마세요."

새싹이 과학에게 손을 내젓는다.

"누구에게나 비밀은 있어요."

해가
지나고 또 지나도
잘라 낸 나뭇가지 끝에선
어김없이 새싹이 돋는다.

무궁(無窮)하다.

나무에 새싹이 돋았다.

실핏줄이 보인다.

천진은 무엇이든 귀엽다.

겨울은 모질다.
'그렇기 때문에' 아니면 '그럼에도 불구하고'
봄이 왔다.

삶은 그 둘 중의 하나다.

냇가에

풀 두 줄기가 올라오고 있다.

닮았다.

그렇게 같이 갈 것이다.

그러면서 싸우기도 할 것이다.

무엇보다 서로를 지켜 줄 것이다.

부러웠다. 시작하는 모습이.

지나온 길, 자꾸 돌아보았다.

슬퍼졌다.

봄, 새싹이 날 때
어느 별나라 어린 왕자가
수양버들을 타고 내려왔다.

이듬해 봄

그 씨방을 만든 꽃이 궁금했다.

어떤 꽃에서 그런 씨방이 생겨났을까?

본 적도 없고

생각조차 해 본 적 없는

단풍나무 꽃,

찾아보기 전에는 있을 것 같지 않은

그런 작은 꽃이 숨어 있었다.

여섯

지난 가을
잘려 나간 가지 끝에서
다시, 봄
겨우내 맺혀 있던 봉오리에 움이 트고
목련이 꽃을 연다.
예쁘다.
그러면서 봄을 알린다.

봄이 가까워지면

목련나무는 대동여지도를 그린다.

어디론가 가고 싶다.

모두가 늘 그런 마음이다.

살금살금

소리를 감춘 채 옷을 벗는다.

쏘옥~ 얼굴을 내민다.

드디어 봄, 목련이다.

목련꽃 필 때면

벚꽃이 같이 간다.

자연은 철에 따라 철이 든다.

그런데 우리는?

그러니까

모든 꽃들은 드러냄이다.

그러나 사실

목련의 아름다움은 가을, 잎이 지면서이다.

나뭇잎 떨어지기 시작하고

빛바래 가는 잎 몇 안 남았을 때 비로소 드러난다.

잎, 그리고 그걸 몇 장 달고 있는 가지들

예쁘다.

그건 드러냄이 아닌,

그런 드러남이다.

목련 잎은

가을빛에 바래 갈 때면

여름철 무성함에 감추고 있던

시맥(翅脈)이 드러난다.

나무들,

꽃 피기 전이거나

잎 지기 시작하면

우리는 그 나무를 기억하지 않는다.

그래도 그 나무는 늘 거기에 그렇게 있다.

봄의 목련

가을 목련

겨울 목련

일곱

그러고 보면
여백은, '있어야 함'보다는 '지나가고 있음'인 것이고
무성함보다는 비로소 남겨짐에 있었고
누구에게나보다는 알아보는 사람에게만 있었고
그래서 드러냄보다는 드러남에 있었고,

여백이란 그런 것이었다.

외로움

그리움

그리고 기다림,

그 나무가 거기에 홀로 서 있다.

개울가 징검다리 위에서
온 겨울을 지내온
기다림, 돌이 되었다.
먼 그곳을 바라보면서
아직도 그가 오는 소리를 듣는다.

기다림이란
네가 오기 전에 내 마음이 네게로 먼저 가는 것이다.

음(陰)과 양(陽)은
틀림이 아니라 다름이다.

밝음이 있어서 어둠을 알게 되고
어둠이 있어서 밝음을 알게 된다.

다름은
서로가 서로의 존재를 있게 하고
서로가 서로를 드러나게 한다.

내 비록 이처럼

성한 곳 하나 없고

가는 길 지쳐 거미줄에 걸터앉았더니

바람이 불고, 그러면 어릴 적 그네처럼 날리면서

마지막까지 추억을 만들게 한다.

일생이란 온통 사소하고 아름다운 것.

가다가 섰다.

시간도 섰다.

시간은 순간마다의 정지이다.

그래도 시간은 가고 있다.

검은 침묵 속에서 피어나는

고것, 발칙한 것

무엇일까?

그런데 그걸 꼭 밝혀야만 하는 것일까.

잎마저

씨마저

다 보내면

한해살이를 끝내는 것,

비움이 된다.

삶, 비로소 완성된다.

모르는 사이에 지나가는 것, 그건 무엇이었을까?

후기 드러냄의 미학

많은 여백을 찾아다녔다. 그러면서 비로소 알게 되었다. 자연에는 드러냄과 드러남이 있다는 것을.

드러냄은 스스로를 적극적으로 나타내려 하고 있다. 그건 누구나에게 다 보이고 있는 것이고 그래서 누구나 다 보고 있다.

드러남은 안 보이던 것이 나타나게 되면서 비로소 보이는 것이다. 그래서 누구나에게 다 보이고 있기는 하지만 나타남을 아는 사람에게만 보이는 것이다.

그러니까 드러냄은 "꽃구경 가자", "단풍 구경 가자" 하는 것처럼 누구나가 다 그 드러냄에 다가가는 것이고, 드러남은 "아, 요런 게 있었네", "히야, 이걸 모르고 있었어" 하는 것처럼 알아보는 사람에게만 드러남이 다가오는 것이다.